Y.B
2854

LE CÉLÈBRE VERGEOT

VAUDEVILLE EN UN ACTE

PAR

M. VARIN

REPRÉSENTÉ POUR LA PREMIÈRE FOIS, A PARIS, SUR LE THÉATRE DU PALAIS-ROYAL, LE 3 DÉCEMBRE 1853.

en collaboration avec Jaime

DISTRIBUTION DE LA PIÈCE.

POPINOT, adjoint de la commune de Vas-y-Voir...............	MM. GRASSOT.
CRAMPON, garde-champêtre.............	LHÉRITIER.
VERGEOT, cuisinier.............	BRASSEUR.
ATHANASE MODILLON, sculpteur.....	PELLERIN.
PIERROT.............	LUCIEN.
THÉRÈSE, fille de Popinot............ Mlle	CHAUVIÈRES.
VILLAGEOIS ET VILLAGEOISES.	

La scène est à Vas-y-Voir.

NOTA. — Toutes les indications sont prises de la salle. — Les personnages sont placés en tête des scènes dans l'ordre qu'ils occupent, c'est-à-dire que le premier inscrit tient la gauche. Les changements de position sont indiqués par des renvois.

Avis. — Vu les traités internationaux relatifs à la propriété littéraire, les Auteurs et les Éditeurs de cette pièce se réservent le droit de représentation, réimpression et traduction à l'étranger.

LE CÉLÈBRE VERGEOT.

Une place de village. — A droite du spectateur, l'auberge de Popinot. — A gauche, en face, un petit mur sur lequel est placardée une affiche. — Au milieu, vers le fond, une charpente carrée dont les côtés sont couverts de toile, et qui cache un piédestal sur lequel on doit placer une statue.

SCÈNE I.

PAYSANS ET PAYSANNES, puis CRAMPON.

(Au lever du rideau, les paysans sont groupés devant l'affiche posée sur le mur à gauche.)

CHOEUR.

Air : *Il faut rire, il faut boire.*
En ces lieux tout s'apprête
Pour qu'on soit satisfait.
Quel beau jour, quelle fête
L'affiche nous promet !

CRAMPON, *entrant du côté opposé.**
Qu'est-ce que vous faites-là ?... un rassemblement !

PIERROT.
Mais non ! nous lisons l'affiche... (*Ils entourent Crampon.*)

CRAMPON.
C'est égal !... dissipez-vous !... les réunions de plus d'une personne sont prohibées !...

PIERROT.
Il faut pourtant bien nous rassembler pour les fêtes ?...

CRAMPON.
Oui ; mais rassemblez-vous chacun séparément !

PIERROT.
Est-il défiant ce père Crampon !

CRAMPON.
Tu me critiques, je te surveillerai !... Pierrot. Un garde champêtre n'a pas des yeux pour les fourrer dans sa poche... aujourd'hui surtout où les pays d'alentour vont fourmiller dans la commune de Vas-y-Voir... à cause de la cérémonie d'augu-ration !

* Paysans, Crampon.

SCÈNE I.

PIERROT.

D'auguration?

CRAMPON.

C'est sur l'affiche !... à midi précis, on augure l'estatue du célèbre Vergeot, mort au champ d'honneur !... Saluez... (*Ils ôtent leurs chapeaux.*)

PIERROT.

Ce pauv' Vergeot... vous savez l'ancien gâte-sauce du père Popinot !...

CRAMPON.

Qu'il a chassé il y a cinq ans pour avoir, un jour de noce, donné la colique à deux mariés !

PIERROT.

C'est là-dessus qui s'est engagé... Dire que si je n'avais pas attrapé le numéro soixante, je serais peut-être parti avec lui !

CRAMPON.

Tu n'as pas de chance !... à l'heure qu'il est, tu serais peut-être à sa place !

PIERROT.

J'aime autant la mienne !

CRAMPON.

Tu as les sentiments d'un pékin... Apprends qu'une estatue est le plus beau fleuron dont puisse jouir la carrière d'un individu !...

PIERROT.

Ça dépend des goûts !... Est-elle jolie la statue ?...

CRAMPON.

Pour ça, j'en ignore !... attendu que jusqu'à présent elle est restée invisible à tout un chacun !... Mais des gens bien informés prétendent que ce sera plus beau que nature !

PIERROT.

Ah ! plus beau que nature.

CRAMPON.

Oui, plus beau !... sans ça ce ne serait pas la peine d'avoir fait venir de Paris un esculteur du premier numéro !... Le fameux Athanase, qui est aussi un enfant de Vas-y-Voir dont il est natif !

PIERROT.

Oh ! nous connaissons tous monsieur Athanase.

CRAMPON.

Ne l'appelle pas monsieur, c'est un homme de génie... On ne dit pas madame... la colonne... Il était tout petit qu'il faisait déjà des dessins sur tous les murs... je me souviens même d'en avoir effacé plusieurs !... Et la commune s'est cotisée pour l'envoyer à Paris, afin de cultiver cette chose précoce !

PIERROT.

Tenez, le voilà qui vient par ici !

CRAMPON.

Saluons cet homme supérieur !

CHOEUR.

Air : *Vive, vive l'Italie !*

Vive l'homme de génie !
Vive sa noble industrie !
Que chacun de nous s'écrie :
Vive l'homme de génie !

SCÈNE II.

LES MÊMES, ATHANASE.*

ATHANASE, *qui est entré pendant le chœur.*

Merci, mes amis, mes chers compatriotes ! vous comprenez les arts !... Je n'attendais pas moins d'une peuplade aussi éclairée !...

TOUS.

Vive Athanase !

ATHANASE, *à part.*

Quel tas de crétins !... (*Haut.*) Crampon, où est monsieur Popinot, votre adjoint ?

CRAMPON.

Il est allé à la ville personnellement pour des invitations !

ATHANASE, *à part.*

Absent !... ma poitrine se dilate !...

CRAMPON.

Dites-moi donc !... Et la statue ? il serait bientôt temps de la poser sur son piédestal !

ATHANASE.

Ceci me regarde ! n'en prenez aucun souci !

CRAMPON.

Il circule que ce sera une pièce bien conséquente ?

ATHANASE.

La modestie enchaîne ma langue !... Mais franchement, je n'ai jamais rien fait de mieux, et si vous n'êtes pas surpris... c'est moi qui le serai !

* Paysans, Athanase, Crampon.

SCÈNE II.

CRAMPON.

Pristi ! quel effet ça fera sur cette place ! Je suis sûr qu'on viendra la voir de deux lieues à la ronde !

ATHANASE.

Il est bien doux pour mon cœur de contribuer à l'embellissement de mon lieu natal !... que ne puis-je vous embellir tous... mais le talent a des bornes !

CRAMPON.

Nous avons pourtant d'assez beaux brins de filles dans le canton !

ATHANASE.

Je l'avais remarqué !

CRAMPON.

Quand ce ne serait que mademoiselle Thérèse, la fille de monsieur Popinot, dont auquel vous postulez d'être son gendre !...

ATHANASE.

Je ne m'en défends pas !

CRAMPON.

Elle aura une bonne dot !...

ATHANASE.

Que m'importe sa dot !... Elle aurait des millions que je ne l'en aimerais pas moins !

CRAMPON.

J'en suis persuadé !...

ATHANASE.

Vous êtes sûr que son père est à la ville ?...

CRAMPON.

Oui !... Mais il ne peut pas tarder à revenir.

ATHANASE, *à part.*

Il est temps de m'esquiver... (*Haut.*) Mes chers amis, j'ai à donner un dernier fion à mon travail, je vais y ruminer dans le silence du recueillement !

CRAMPON.

Nous vous accompagnons jusque chez vous ?

ATHANASE.

Non ! ne vous dérangez pas !...

CRAMPON.

Si fait !... honneur au génie !...

REPRISE DU CHOEUR.

Vive l'homme de génie, etc.

(*Ils sortent tous*).

SCÈNE III.

VERGEOT, seul.

VERGEOT, *venant du côté opposé.*

Ils s'en vont par là !... avançons !... C'est drôle !... tout le monde est en l'air dans Vas-y-Voir ! Ils ont leurs habits des dimanches !... Il faut qu'il y ait là-dessous un événement !... Si j'avais su, je ne me serais pas aventuré aujourd'hui !... Mais je n'y tenais plus !... J'étais près de Vas-y-Voir qui est mon endroit !... Et voilà cinq ans que je n'ai foulé mon village !... Voilà cinq ans que je n'ai pas vu Thérèse... elle que je voyais toute la journée quand j'apprenais la cuisine chez son père !... son affreux père qui m'a flanqué à la porte à cause d'un miroton ! parce qu'au lieu d'y mettre du poivre, j'y avais mis du tripoli !... J'avais recuré ses pratiques !... et il m'a chassé !... Ah ! c'est comme ça, que je lui ai dit ; vous me poussez au désespoir !... Eh ! bien, tant pis ! Je vas m'engager en Afrique !... je pars ! On se battait là-bas à faire frémir !.. ça me décide... et je m'engage... en qualité de cuisinier chez un Arabe, un scheik... une maison assez monotone où on ne mâchait que du riz !... C'était commode pour la nourriture !... Mais un jour qu'il donnait un grand repas, je m'avise de vouloir les régaler !... justement j'avais remarqué dans le jardin une espèce d'oseille colossale... je la fais blanchir et je l'accommode avec du veau !... c'était à se lécher les doigts !... voyez le guignon !... ils n'ont pas plutôt goûté de ma ratatouille, les voilà qu'ils se tortillent, avec des grimaces inconnues en Europe !... On parle de me tuer, on dégaine les yatagans, je saute par la fenêtre, je file comme une dépêche électrique, et deux heures après, j'étais sur un pyroscaphe qui partait pour Toulon !... Une fois là, je me crois sauvé !... Pas davantage !... j'apprends que le télégraphe est à mes trousses... on m'accuse de poison !... Ils ont pris mon fricandeau pour un bouillon d'onze heures !... et je serais pincé depuis longtemps sans une fausse barbe que je me suis appliquée... Mais si on me découvre, il y va de ma petite existence !...

Air : *Ces postillons.*

Je suis fautif, je n' dis pas le contraire,
Mais c'est l' hasard qui m'a fait vénéneux,
Et pour un crime, hélas ! involontaire,
Je n' comprends pas qu'on soit si vétilleux ;
Car la cuisine est un métier scabreux !
Aux cuisiniers il faut bien qu'on pardonne,
Ils sont sujets à l'erreur, c'est connu !
Si l'on n' peut plus empoisonner personne,
 C'est un éta

SCÈNE IV.

Eh ! mais je ne me trompe pas ! ceci est l'auberge du père Popinot !... Si je pouvais apercevoir Thérèse !... On vient !... Je sens la venette qui m'empoigne !.. (*Il se retire à l'écart.*)

SCÈNE IV.

VERGEOT, POPINOT, CRAMPON.[1]

POPINOT.

Oui, Crampon ! oui, mon vieux Crampon ! tu n'as jamais vu d'adjoint plus épanoui !

VERGEOT, *à part.*

C'est le père Popinot !

POPINOT.

Toutes les sommités du département assisteront à la fête, ce qui lui donnera un grand lustre !

CRAMPON.

Il y aura un lustre ?

POPINOT.

Je crois même que nous en aurons un immortel !

CRAMPON.

Au fait ! l'immortelle est une fleur de circonstance !

POPINOT.

Non !... je dis un immortel ! un académicien !

CRAMPON.

Ah ! un académicien !... c'est pas une fleur !

POPINOT.

Tu lui feras donner un fauteuil !

CRAMPON.

Quel honneur pour la commune !

POPINOT.

Et pour moi, Crampon !... pour moi surtout !... Dans deux ou trois mille ans d'ici, quand les antiquaires fouilleront les ruines de Vas-y-Voir, ces gens-là fouillent partout... ils trouveront dans la base du piédestal cette légende écrite de ma main : Ce monument fut élevé sous les auspices de l'adjoint Popinot, aubergiste au Soleil-d'Or, où on loge à pied, à cheval et en voiture.

CRAMPON.

Et où on loue des ânes !

POPINOT.

Je passe à la postérité !

CRAMPON.

Avec votre auberge ?

[1] Vergeot, Popinot, Crampon.

VERGEOT, *à part.*

A-t-il l'air joyeux !

POPINOT.

Dis-moi, la statue est-elle en place ?

CRAMPON.

Pas encore !

VERGEOT, *à part.*

La statue !...

POPINOT.

C'est inouï !... à quoi pense donc cet animal d'Athanase !... Il est dix heures passées, et on ne pose pas une statue comme un cordon de sonnette...

CRAMPON.

Il est en train de lui donner un flon...

POPINOT.

Un flon ! un flon !... va me le chercher, je suis inquiet !

CRAMPON.

Je vous le rapporte ! (*Apercevant Vergeot.*) Tiens, un étranger !... *

POPINOT.

C'est la foule qui arrive.

CRAMPON.

Un homme à barbe ! je me défie de cet ornement !

POPINOT.

Occupes-toi d'Athanase...

CRAMPON.

J'y cours.

VERGEOT, *à part.*

Comme ce Crampon me dévisage...

CRAMPON.

Je surveillerai cet oiseau-là... (*Il sort.*)

SCÈNE V.

POPINOT, VERGEOT. **

VERGEOT, *à part.*

Faisons jaser Popinot !... (*Haut.*) Pardon, monsieur... serait-il un effet de votre bonté ?...

POPINOT.

Avec plaisir, monsieur !... Vous venez sans doute pour la cérémonie ?...

* Vergeot, Crampon, Popinot.
** Vergeot, Popinot.

VERGEOT.

Non ! je suis venu sans cérémonie !

POPINOT.

Vous n'avez donc pas lu l'affiche ?

VERGEOT.

Je lis fort peu.

POPINOT.

Monsieur, vous verrez quelque chose de touchant et de solennel !... Nous élevons un monument impérissable..

VERGEOT.

Une borne-fontaine ?

POPINOT.

Mieux que ça ; un monument en faveur d'un enfant du pays !.. le célèbre Vergeot !

VERGEOT.

Vergeot !... Quel Vergeot ?

POPINOT.

Vergeot !... Il n'y en a qu'un... Un espiègle qui mettait du tripoli dans mes sauces, et qui s'est engagé en Afrique, il y a cinq ans.

VERGEOT, *à part.*

C'est bien moi !

POPINOT.

Et qui de plus trouva sur la terre étrangère un noble trépas !

VERGEOT, *à part.*

Ce n'est pas moi qui ai trouvé ça !

POPINOT.

En foi de quoi nous lui érigeons une statue équestre !.. Seulement, comme le cheval aurait coûté trop cher, on n'a encore fait que le cavalier.

VERGEOT, *à part.*

Ils m'ont bâclé une statue !

POPINOT.

C'est une idée dont je revendique l'initiative... La jalousie me l'a suggérée...

VERGEOT.

Vous êtes jaloux ?...

POPINOT.

Comme adjoint, je suis jaloux de toutes les villes voisines, et il n'y a pas de bicoque dans les environs qui ne soit ornée d'une statue plus au moins en bronze... C'est étonnant combien on en a coulé depuis quelque temps.

VERGEOT.

On en coulera toujours ! ça flatte le bourgeois !

POPINOT.

Vas-y-Voir seul était veuf de cette curiosité !... Vas-y-Voir qui renferme neuf cents âmes, sans compter les animaux domestiques !... c'était humiliant !... Avec ça qu'un objet d'art attire toujours quelques étrangers, et pour peu qu'on soit aubergiste, on n'est pas insensible à ce détail.

VERGEOT.

Certainement !... mais ce Vergeot ?

POPINOT.

Attendez... Il me fallait une illustration, un nom célèbre dans une branche quelconque !... Or, en compulsant les archives de la commune, j'y trouvais bien des hommes remarquables, mais qui n'avaient jamais été remarqués... sinon comme des imbéciles !... Oh ! si j'avais été mort j'aurais pensé à moi... Malheureusement j'existais, et mes principes me défendaient de me suicider...

VERGEOT.

Je les partage, monsieur.

POPINOT.

Cette pénurie me désolait, lorsqu'un beau matin j'ouvre le journal... et j'y trouve ma célébrité.

VERGEOT.

Vous avez trouvé quelque chose dans un journal ?...

POPINOT.

Voici l'article ! (*Il tire un journal.*) Je ne m'en sépare plus que la nuit... et je lus ce qui suit aux nouvelles d'Afrique...

VERGEOT, *à part*.

D'Afrique !... d'où j'arrive !...

POPINOT.

Prêtez l'oreille... (*Lisant.*) « A la dernière affaire de *Trous-« trous-Kara*, nos soldats ont fait des prodiges !... On cite un « exemple de l'entraînement que peut produire l'électricité du « courage !... le nommé Vergeot s'est précipité hors des rangs « avec une telle ardeur...

VERGEOT, *à part*.

Mais j'ai entendu conter ça...

POPINOT.

« Que l'escadron s'élançant après lui, mit en pièces toute la « cavalerie ennemie, qui ne dut son salut qu'à la fuite !

VERGEOT, *à part*.

C'est exact.

POPINOT, *continuant.*

« Par malheur, on n'a pu retrouver le corps de ce jeune
« héros, enseveli sous un monceau de combattans. »

VERGEOT, *à part.*

C'est un autre Vergeot... un brave... Il me confond...

POPINOT.

Vous comprenez !... Je tenais mon grand homme ! Je tenais
ma statue !... quant au statuaire, je l'ai tiré directement de
Paris... c'est le jeune Athanase !... un ciseau plein d'avenir !...
Depuis plusieurs mois je l'ai logé, nourri, blanchi, éclairé... Je
lui alloue cinq francs par jour, plus une gratification de cent
écus après livraison du morceau !

VERGEOT.

C'est fort gentil !

POPINOT.

Oh ! moi je ne lésine jamais !... c'est aux frais de la commune... Je lui ai même fourni les matériaux... un bloc de
pierre, qui joue le marbre... d'un peu loin !... Enfin tout !...

VERGEOT.

Et la statue est faite ?...

POPINOT.

Parbleu !... si elle n'était pas faite à l'heure qu'il est... mais
ces artistes sont cousus de manies !... Athanase n'a laissé voir
son œuvre à personne, pas même à ma fille dont il brigue l'alliance.

VERGEOT.

Lui ! votre gendre ?...

POPINOT.

Ah ! si Vergeot eût vécu... mais puisqu'il est défunt...

VERGEOT, *à part.*

Je tâcherai de le ressusciter.

POPINOT, *tirant sa montre.*

Ah ça ! voilà onze heures, et rien ne paraît, ni statue, ni
sculpteur... (*Voyant entrer Thérèse.*) Ah ! ma fille !... elle saura
peut-être...

SCÈNE VI.

LES MÊMES, THÉRÈSE.*

VERGEOT, *à part.*

Thérèse !

THÉRÈSE.

Tiens, c'est vous papa ? je vous croyais encore à la ville !

* Popinot, Thérèse, Vergeot.

POPINOT.

Dis-moi... où est Athanase?... l'as-tu vu?...

THÉRÈSE.

Non !... pas aujourdhui !

POPINOT.

C'est inconcevable !

VERGEOT, *à part.*

Comme elle a grandi !

POPINOT.

Et ce Crampon qui ne revient pas !... j'en ai des crispations... il faut que j'aille moi-même...

THÉRÈSE, *bas à Popinot.*

Quel est donc ce monsieur ?

POPINOT.

Un étranger qui doit être fatigué... je viens de causer avec lui... tâche qu'il déjeune dans mon auberge... (*A Vergeot.*) Monsieur, excusez-moi...* je suis obligé...

VERGEOT.

Du tout, monsieur !... c'est moi qui suis le vôtre...

ENSEMBLE.

Air : *Amis, dès le matin.* (Trou des Lapins.)

Je vais où le devoir
Appelle ma présence,
Mais avec l'espérance
De bientôt vous revoir.

THÉRÈSE et VERGEOT.

Allez où le devoir
Réclame votre présence,
Mais bientôt, je le pense,
Nous pourrons vous revoir.

(*Popinot sort.*)

SCÈNE VII.

VERGEOT, THÉRÈSE. **

VERGEOT, *à part.*

Nous voilà seuls... mon cœur saute comme un cabri...

THÉRÈSE.

Monsieur vient de bien loin ?

---

* Thérèse, Popinot, Vergeot.
** Vergeot, Thérèse.

SCÈNE VII.

VERGEOT.

Oui, mademoiselle!... de très-loin!... mais on ne regarde pas au ruban de queue... pour célébrer un ami!...

THÉRÈSE.

Un ami!

VERGEOT.

Oui! le pauvre Vergeot!

THÉRÈSE.

Vous l'avez connu?

VERGEOT.

Mais oui, pas mal!... et vous?...

THÉRÈSE.

Ah! et moi aussi...

VERGEOT, à part.

Elle a soupiré...

THÉRÈSE.

Est-ce que par hazard vous auriez été militaire?

VERGEOT.

Je peux dire que j'ai servi... en Afrique!

THÉRÈSE.

Ah! l'Afrique!... je la déteste!

VERGEOT.

Vergeot n'en était pas fou!... aussi il rabâchait toujours à propos de son pays, et surtout... d'une payse... qu'il appelait je crois, Thérèse!...

THÉRÈSE.

Il vous parlait de moi?...

VERGEOT.

Ah! c'est vous!... Eh bien vous pouvez dire : en voilà un qui me chérissait!...

THÉRÈSE.

Pauvre garçon!... il a eu bien tort de se faire tuer là-bas!

VERGEOT.

Vous le regrettez?

THÉRÈSE.

Ce n'est pas défendu...

VERGEOT, à part.

O bonheur! sans l'oseille je me dévoilerais.

THÉRÈSE.

Et s'il était vivant, il aurait hérité de sa tante Briolet...

VERGEOT.

Sa tante Briolet est décédée ?

THÉRÈSE.

En lui laissant tout son bien, ce qui fait qu'il serait peut-être mon mari à présent.

VERGEOT.

Pourtant vous allez en épouser un autre !

THÉRÈSE.

Mon père vous l'a dit ?... ce n'est pas encore fini !...

VERGEOT.

Votre futur ne vous revient pas ?... tant mieux !

THÉRÈSE.

Ça vous fait donc plaisir ?...

VERGEOT.

Dam ! voyez-vous... Vergeot et moi, nous ne faisions qu'un... c'est au point que près de vous il me semble que c'est moi qui est lui !... et si vous pouviez croire aussi que c'est lui qui est moi... ça fait que... car enfin un ami qui remplace un ami, ça s'est vu !...

THÉRÈSE.

Monsieur !... jamais pour moi personne ne remplacera Vergeot !

VERGEOT, à part.

Elle m'aime trop !... je n'y tiens plus, je me risque !... (Haut) Eh ! bien, Thérèse puisqu'il faut vous le déclarer !...

THÉRÈSE.

Taisez-vous... voici mon père... et s'il vous entendait...*

VERGEOT, à part.

Popinot !... motus !... (Haut.) J'entre dans l'auberge pour me substanter, mais nous recauserons, Thérèse... nous recauserons !...

THÉRÈSE.

C'est inutile !

POPINOT, en dehors.

Crampon !... Crampon !...

VERGEOT, à part.

Et dire qu'il faut me taire... canaille d'oseille ! (Il entre dans l'auberge.)

* Thérèse, Vergeot.

SCÈNE VIII.

THÉRÈSE, POPINOT, CRAMPON.

POPINOT, *entrant d'un côté à Crampon qui entre de l'autre.*

Ah ! Crampon ! où diable te fourres-tu ? je te cherche partout !

CRAMPON.

Je n'y étais pas !

POPINOT.

Tu as donc déménagé ?... donne-moi ta nouvelle adresse, car tu m'avais promis Athanase ?...

CRAMPON.

Impossible de le saisir !... il faut qu'on l'ait escamoté !

THÉRÈSE.

En effet, c'est singulier !...

CRAMPON.

Je me défie de cet artiste !

POPINOT.

Pourquoi ?... développe tes soupçons !...

CRAMPON.

Tout-à-l'heure le brigadier Champeloud m'a tenu ce langage d'un air cachottier !... Père Crampon, faites planer votre surveillance sur tout individu qui serait intempestif à cette localité !... plus tard, vous saurez le reste !...

POPINOT.

Eh bien ! après !... Athanase n'est pas intempestif !...

CRAMPON.

Non !... mais l'homme à la barbe... où a-t-il passé ?

THÉRÈSE.

Il vient d'entrer dans l'auberge.

CRAMPON.

Bon ! je vais lui demander ses papiers !...

THÉRÈSE.

C'est qu'il déjeune...

POPINOT.

Il déjeune, attends qu'il ait payé !

CRAMPON.

J'attendrai peut-être longtemps !... c'est égal, je vas toujours l'observer !... (*Il entre dans l'auberge.*)

* Thérèse, Popinot, Crampon.

POPINOT.

Mon anxiété est au comble !... je ne sais que penser d'Athanase !... Il me passe par la tête des pieds de sainte Menéhould... il faut absolument que je visite son atelier !...

THÉRÈSE.

Vous savez bien qu'il n'y laisse entrer personne !...

POPINOT.

J'y entrerai... j'enfoncerai plutôt la porte.

ATHANASE, *paraissant au fond.*

Le voilà !... (*Il se cache derrière la charpente.*)

THÉRÈSE.

Il va peut-être venir, attendez encore...

POPINOT.

Que j'attende !... mais je ne vis pas !... ton père ne vit pas et tu veux qu'il attende !... non ! non ! je vais enfoncer la porte !... (*Il sort.*)

SCÈNE IX.

ATHANASE, THÉRÈSE. *

ATHANASE *se montrant*.

Thérèse ?...

THÉRÈSE.

Ah ! vous voilà donc !... courez vite après mon père, il vous demande...

ATHANASE.

Thérèse... je suis sur le bord d'un abîme... je danse sur un volcan !

THÉRÈSE.

Comment !... vous dansez !...

ATHANASE.

Thérèse, je déchire le voile... il y a six ans, la commune de Vas-y-Voir aussi généreuse que prévoyante, me fit voguer vers la Capitale avec une subvention de vingt-cinq francs par mois !

THÉRÈSE.

Oui ! je sais !... pour vous faire étudier la sculpture !

ATHANASE.

Je déclare à ma louange que je n'ai pas perdu mon temps !... j'ai suivi sans relâche les cours de Mabile et de la Closerie-des-Lilas !... j'ai pioché le billard... j'ai pâli sur le domino, et quand une pipe sort de mes mains, elle pourrait aller au bal chez un ministre !...

* Athanase, Thérèse.

SCÈNE IX.

THÉRÈSE.

Une pipe ?

ATHANASE.

C'est une manière de dire qu'elle est bien culottée !...

THÉRÈSE.

C'est fort joli ! mais la sculpture ?

ATHANASE.

L'homme n'est pas universel !... j'ai tout appris excepté ça...

THÉRÈSE.

C'est-à-dire qu'à Paris vous n'avez rien fait du tout ?

ATHANASE.

J'ai fait des dettes... encore un de mes talents...

THÉRÈSE.

Mais depuis qu'on vous a fait venir ici ?...

ATHAMASE.

Depuis qu'on m'a fait venir, on m'a logé, on m'a nourri, on m'a payé, c'était noble !... c'était paternel !... Mais ils m'ont imposé la condition de produire une statue, voilà ce qui les rapetisse à mes yeux.

THÉRÈSE.

Enfin cette statue, où est-elle ?

ATHANASE.

Thérèse, elle est encore à faire !...

THÉRÈSE.

Ah ! mon Dieu ! c'est affreux !... vous avez trompé tout le monde !

ATHANASE.

Non... c'est tout le monde qui s'est trompé !...

THÉRÈSE.

Du moins il ne fallait pas promettre...

ATHANASE.

J'ai promis une statue, mais je n'ai pas promis de la faire... j'espérais en trouver une de rencontre !...

THÉRÈSE.

Nous voilà bien !... Si encore on pouvait remettre la cérémonie !...

ATHANASE.

Je l'ai déjà fait ajourner trois fois ! ce moyen est usé... O jeune fille, je n'ai d'espoir qu'en toi !... et puisque tu m'aimes...

THÉRÈSE.

Je n'ai jamais dit ça !...

ATHANASE.

Non !... mais je l'ai deviné... Suis-moi, je t'emmène à Paris, ton père est forcé de nous unir, il paye mes créanciers... et les arts te mettront au Pinacle...!

THÉRÈSE.

Merci ! je n'entends pas de cette oreille-là...

ATHANASE.

Quelqu'un ! je me dérobe aux regards profanes !... Réfléchis !... Je t'accorde cinq minutes....

(Il se cache derrière le mur.)

THÉRÈSE.

C'est tout réfléchi !

SCÈNE X.

THÉRÈSE, VERGEOT, ATHANASE, caché.*

VERGEOT, accourant.

Sauvez-moi ! sauvez-moi !...

ATHANASE, à part.

Quel est cet animal ?...

VERGEOT.

Thérèse ! ma chère Thérèse, sauvez un garçon qui est à deux doigts de sa perte !...

THÉRÈSE, à part.

Tiens, celui-là aussi !...

VERGEOT.

J'allais déjeuner légèrement, avec une omelette de douze œufs, quand le vieux Crampon est entré dans la salle !

Air : *J'en guette un petit.*

D'abord, sous l' nez il me regarde :
Vos papiers ! m' dit-il, inconnu !
De les montrer je n'avais garde !
Et sans répondre à c' malotru,
  A la figure je lui jette
Mes douze œufs encore au complet ;
Et voilà comment d'un homme laid,
D'un seul coup j'ai fait une om'lette,
D'un homm' laid j'ai fait une om'lette.

THÉRÈSE.

Il devait être furieux ?

* Athanase, Thérèse, Vergeot.

SCÈNE X.

VERGEOT.

Comme un lion ! Et tandis qu'il se débarbouille, je saute par la fenêtre... Mais il est à mes trousses, et si vous ne me cachez pas au fond de quelque chose...

THÉRÈSE.

Vous cacher ?... Mais vous êtes donc un criminel...

VERGEOT.

Thérèse, nous sommes seuls, le masque tombe... je suis Vergeot !... (Il ôte sa fausse barbe.)

THÉRÈSE.

Il serait possible !...

ATHANASE, à part.

Vergeot !...

THÉRÈSE.

C'est vous !... et vous êtes vivant ?...

VERGEOT.

Je n'ai jamais été mort... c'est votre vieux serin... pardon ! c'est le père Popinot qui s'est mis dedans, il m'a pris pour un autre Vergeot.

THÉRÈSE.

Pourtant vous vous êtes engagé !...

VERGEOT.

Comme cuisinier. Cachez-moi !...

THÉRÈSE.

Qu'avez-vous donc fait ?

VERGEOT.

J'ai empoisonné !

THÉRÈSE.

Grand Dieu !

VERGEOT.

Une smala... avec de l'oseille !... mais innocemment !

THÉRÈSE.

Est-ce que l'on vous poursuit ?

VERGEOT.

Enfouissez-moi dans une futaille !

THÉRÈSE.

C'est bien embarrassant !

ATHANASE, à part.

C'est un coup du sort ! (Se montrant.) Jeune homme,* abdiquez toute crainte, ma protection vous est acquise !

* Thérèse, Athanase, Vergeot.

VERGEOT.

Vous nous écoutiez !

ATHANASE.

Oui, pour conjurer la foudre qu'un fil suspend sur votre tête !

VERGEOT ET THÉRÈSE.

Un fil !

ATHANASE.

Suivez-moi !... je vais vous caser gentiment !

VERGEOT.

Où allez-vous me mettre ?

ATHANASE.

Dans un endroit où les plus malins ne verront que du feu !

VERGEOT.

Dans une cheminée ?

ATHANASE.

Et cette nuit vous vous évaderez sans donner l'éveil à aucun Crampon !

VERGEOT.

La cheminée est-elle grande ?

ATHANASE.

Allons vite, ou je ne réponds de rien !

ENSEMBLE.

Air : *Vite, vite, qu'on se place !* (Trou des Lapins.)

ATHANASE.

Vite, vite, qu'on me suive !
C'est le conseil d'un ami ;
Venez, et, quoi qu'il arrive,
Je vous promets un abri.

THÉRÈSE.

Vite, vite, qu'on le suive !
C'est le conseil d'un ami ;
Allez, et quoi qu'il arrive,
Vous trouverez un abri.

VERGEOT.

Vite, vite, je m'esquive,
C'est le conseil d'un ami ;
Allons, et quoi qu'il arrive,
Il me promet un abri.

(*Ils sortent*).

SCÈNE XI.

THÉRÈSE, POPINOT, puis CRAMPON.

THÉRÈSE.

Je n'en reviens pas !... ce pauvre Vergeot !... pourvu qu'il ne lui arrive pas malheur.

POPINOT, *entrant*.

J'en ai des vertiges ! * j'en ai des convulsions ! Ah ! l'infâme ! le gueux ! le filou ! le petit coquin !

THÉRÈSE.

Mon Dieu, papa, dans quel état vous êtes !

POPINOT.

Je viens de l'atelier ! j'ai brisé la porte, rien ! rien !... ni statue, ni Athanase !

THÉRÈSE, *à part*.

Le voilà prévenu !

POPINOT.

Grand Dieu ! que vais-je dire aux populations empressées ?... Je serai la fable de l'Europe !

THÉRÈSE.

Il ne faut pas vous désoler comme ça !... Il y a peut-être encore du remède !

POPINOT.

Non, ma fille, mon étoile est éclipsée !... Si j'avais sous la main la rivière du Bois-de-Boulogne, je ne sais pas trop ce que j'en ferais !

CRAMPON, *accourant*.

Ah ! le gredin ! ah ! le misérable ! **

POPINOT.

Tu l'as vu, Crampon ?

CRAMPON.

C'est-à-dire que j'allais l'empoigner sans son omelette !

POPINOT.

L'omelette d'Athanase ?

CRAMPON.

Non ! de l'homme à la barbe !

POPINOT.

Tu m'agaces avec ta barbe !

---

* Popinot, Thérèse.

** Popinot, Crampon, Thérèse.

CRAMPON.

Il ne vous a pas chipé de couverts ?

THÉRÈSE.

Par exemple ! un homme qui a l'air très-bien !

CRAMPON.

Je gagerais que c'est un forçat en rupture !

THÉRÈSE.

Je suis sûre que vous vous trompez !

CRAMPON.

Il a dû passer par ici !

POPINOT.

Athanase ?

CRAMPON.

Non, l'autre !... n'est-ce pas, mademoiselle Thérèse ?

THÉRÈSE.

Ah ! dame ! cherchez-les ! moi je ne mêle plus de tout ça !... (*Elle rentre dans l'auberge.*)

CRAMPON.

M. Popinot, je me défie de votre fille.

SCÈNE XII.

POPINOT, CRAMPON, ATHANASE.

ATHANASE, *sortant de derrière le piédestal et chantant :*

Fortune, en ce monde,
Tu fais tout pour moi.

POPINOT.

C'est lui ! et il chante ! il ose gazouiller... Saisis-le Crampon ! *

ATHANASE.

Porter la main sur un artiste ! il n'y a donc rien de sacré pour vous !

POPINOT, *tirant sa montre.*

Regarde, effronté !... Onze heures trente-cinq, et je sors de ton atelier !

ATHANASE.

Vous avez violé mon domicile ?

POPINOT.

Pas plus de statue que dans le creux de la main !

ATHANASE.

C'est ma statue que vous cherchiez ?

* Popinot, Athanase, Crampon.

SCÈNE XII.

POPINOT.

J'avais cette naïveté !

ATHANASE.

Elle était sortie !... Je lui donnais de l'air pour la faire sécher.

POPINOT.

C'est moi, chenapan, que tu fais sécher !

ATHANASE.

Popinot, vous me faites pitié !... fort de ma conscience, je dote aujourd'hui mon lieu natal d'un procédé magique que je viens de ressusciter en sa faveur !

CRAMPON.

Oh ! ressusciter !... Il faut des preuves !

ATHANASE.

Savez-vous ce que c'est que la synkokrésie ?

POPINOT.

Cinq coqs ?...

ATHANASE.

Krésie !

POPINOT.

Je dois le savoir, mais dis toujours pour voir si tu le sais !

ATHANASE.

C'est l'art de donner au marbre, à la pierre et autres substances opaques, des couleurs si vivaces, que la nature elle-même ne peut soutenir le parallèle !

CRAMPON.

C'est bien désagréable pour la nature. Mais il faut des preuves !

ATHANASE.

Les anciens poussaient si loin cet artifice qu'ils incrustaient des pierres fines dans l'œil de leur sujet !

POPINOT.

Tu en as mis ?

ATHANASE.

Si vous en désirez, vous êtes libre de m'en fournir !

POPINOT.

Mais, maudit bavard, où est ta statue ?

ATHANASE.

Elle est en place.

* Popinot, Athanase, Crampon.

POPINOT.

Bah! sur son piédestal?

ATHANASE.

Voyez! et jugez! (*Il tire le rideau, on voit Vergeot en cuisinier posé sur le piédestal.*)

POPINOT.

Oui! ma foi! la voilà!... Ah! sapristi, comme c'est touché! je pousse des cris d'admiration!

CRAMPON.

Il a tout-à-fait le nez de mon criminel!

POPINOT.

La jambe est parfaite, mais pour la figure, ça ne lui ressemble pas du tout!

ATHANASE.

Vous trouvez? (*A part.*) C'est un peu fort!

POPINOT.

Ah ça! comment diable l'as-tu accoutré?... ce n'est pas là un costume militaire!

ATHANASE.

Si fait c'est un nouvel uniforme... tout blanc!... à cause du soleil... voyez son yatagan!

POPINOT.

Je vois bien le yatagan!... mais qu'est-ce que tu lui as flanqué sur la tête?

ATHANASE.

C'est un casque!

POPINOT.

Un casque à mèche!

ATHANASE.

J'y ai mis une mèche, parce qu'il allait entrer dans l'artillerie!

POPINOT.

On le prendrait plutôt pour un cuisinier!

ATHANASE.

Il n'était que simple soldat, mais il méritait d'être chef!

POPINOT.

C'est juste! le mot est profond!... il me désarme!... tu as un talent que je ne peux comparer à personne et je te restitue mon estime!

SCÈNE XII.

ATHANASE.

Et la gratification de cent écus?

POPINOT

Tu la toucheras dans une heure !

(Pendant cette fin de scène, Vergeot fait avec ses mains des signes de moquerie à Popinot et à Crampon.)

POPINOT.

Air de *la Monaco*.

Je suis triomphant,
La fête sera belle,
De ce monument
Chacun sera content.
Crampon, mon enfant,
Fais tomber avec zèle
Ton bras foudroyant
Sur tout récalcitrant !

CRAMPON.

N'ayez pas peur,
J'ai sur le cœur
Le malfaiteur,
J'en réponds sur ma tête !

VERGEOT.

Ont-ils l'air bête !

CRAMPON.

Il sera pris !

VERGEOT.

Moi, de mon haut, tous deux je les bénis.

ENSEMBLE.

POPINOT.

Je suis triomphant, etc.

CRAMPON.

Que je suis content !
La fête sera belle,
Ce sera brillant
Et même ébouriffant.
Mon bras vigilant,
Dont on connaît le zèle,
Sera foudroyant
Pour tout récalcitrant !

2

ATHANASE et VERGEOT.

Je suis triomphant,
La fête sera belle,
De mon monument
Chacun sera content !
Crampon, vigilant
Comme une sentinelle,
Sera foudroyant
Pour tout récalcitrant.

(*Crampon et Popinot sortent.*)

SCÈNE XIII.

ATHANASE, VERGEOT, puis THÉRÈSE.

ATHANASE.

Ils ont gobé la charge !

VERGEOT.

Quelle position !... moi qui avait envie d'éternuer !

THÉRÈSE, *sortant de l'auberge.* *

Ah ! monsieur Athanase, qu'est-ce que vous avez fait de Vergeot ?

ATHANASE.

Je l'ai pétrifié !

VERGEOT.

Par ici, Thérèse !

THÉRÈSE.

Comment, il vous a perché là-dessus ?

VERGEOT.

Oui, Thérèse ! je te demande si c'est une position sociale ! Je m'appelle Paul et ils m'ont changé en pierre !

THÉRÈSE.

Mais il est impossible qu'on ne s'aperçoive pas...

ATHENASE.

L'épreuve est accomplie !... Le père Popinot et Crampon sont tombés en extase !

THÉRÈSE.

Ah ! c'est égal, ça ne peut pas durer !

ATHANASE.

Thérèse, le moment est propice... Vous aviez cinq minutes pour réfléchir, abordons le résultat !

* Athanase, Thérèse.

SCENE XIII.

THÉRÈSE.

Est-ce que vous allez recommencer?

VERGEOT.

Hein ! qu'est-ce qu'il dit?

ATHANASE.

Mais, fille des champs, tu ne sais pas de quels parfums j'embaumerai ton existence!... d'abord je te couvrirai de diamants !

THÉRÈSE.

Des diamants à moi?

ATHANASE.

Pourquoi pas?... les vitriers en ont bien !

VERGEOT.

Refuse, Thérèse, refuse !

ATHANASE.

N'écoute pas ce monument, c'est une nature morte !

VERGEOT.

Ah ! mais je vais me fâcher !

THÉRÈSE, *à Athanase qui la lutine.*

Mais finissez-donc ou je tape !

VERGEOT, *qui est descendu du piédestal.**

Ah ! tu veux détourner Thérèse, toi ? *

THÉRÈSE.

Vergeot, prenez garde !

VERGEOT.

Il faut que je lui flanque une raclée !

ATHANASE.

C'est toi qui vas la recevoir. (*Ils se battent.*)
(*Elle remonte la scène.*)

ENSEMBLE.

Air : *Tu céderas, tigresse.*

ATHANASE.

Ah ! tu veux la défendre,
Cuisinier malfaiteur !
En deux je vais te fendre,
Redoute ma fureur !

* Athanase, Vergeot, Thérèse.

VERGEOT.
Je saurai la défendre
Contre un vil enjôleur !
En deux je vais te fondre,
Redoute ma fureur !

THÉRÈSE.
Laissez-moi me défendre,
De lui je n'ai pas peur ;
On pourrait vous surprendre,
Calmez votre fureur !

VERGEOT.
Ah ! j'ai reçu un coup de poing sur a face !

ATHANASE.
J'ai détérioré mon œuvre !

VERGEOT, *tirant son mouchoir.*
Bon ! voilà que je saigne du nez !

THÉRÈSE, *redescendant.*
Mon père !... voici mon père ! *

ATHANASE.
Popinot !... vite à ta place !

VERGEOT.
Mais s'il voit une statue qui saigne du nez, il va crier à la garde !

ATHANASE.
Remonte toujours ! ou je te livre à la vindicte !

VERGEOT.
Ah ! quel métier !

ENSEMBLE. — REPRISE DE L'AIR PRÉCÉDENT.**

ATHANASE et THÉRÈSE.
Allons, un peu d'audace,
Remonte sur ton pied,
Vite, reprends ta place
D'homme pétrifié !

VERGEOT.
Allons, un peu d'audace,
Remontons sur mon pied,
Et reprenons ma place
D'homme pétrifié !

(*Athanase rabaisse le rideau.*)

* Thérèse, Athanase, Vergeot.
** Athanase, Vergeot, Thérèse.

SCÈNE XIV.

Les Mêmes, POPINOT, Deux Pompiers. *

POPINOT.

Ici, mes amis ! Placez-vous de chaque côté pour maintenir la foule !... (*Il les pose en faction.*) J'ai amené deux pompiers... ça ne peut qu'augmenter la pompe. A propos, vous avez connu Vergeot tous les deux, je serais bien aise d'avoir votre avis touchant son image !...

ATHANASE.

Je m'y oppose !... si vous montrez ma statue en détail, vous tuez l'effet sur les masses !**

POPINOT.

Je ne tue rien du tout !... J'ai des doutes sur la ressemblance et je tiens à m'assurer !

ATHANASE.

Plus tard ! vous avez le temps !

POPINOT.

Allons, tu m'ennuies ! je le veux ! (*Il tire le rideau et on voit Vergeot qui tourne le dos au public.*)***

ATHANASE, à part.

Ah ! le saltimbanque !

POPINOT.

Qu'est-ce que c'est que ça !... Voilà un phénomène bien monumental, la statue a changé de face !

ATHANASE.

Je n'en éprouve aucune surprise !

POPINOT.

Moi je trouve ça prodigieux !

ATHANASE.

Nullement ! c'est une statue à pivot !

POPINOT.

A pivot !

ATHANASE.

On les fait comme ça maintenant !

THÉRÈSE, à part.

A-t-il un front !

ATHANASE.

C'est le vent qui l'aura fait tourner !

---

* Athanase, Popinot, Thérèse.
** Popinot, Athanase, Thérèse.
*** Athanase, Popinot, Thérèse.

POPINOT.

Voyons de l'autre côté !... (*Suivi des deux habitants il tourn autourne de la statue, mais Vergeot tourne en même temps qu'eux.*)

THÉRÈSE, *à part.*

J'ai bien peur !

VERGEOT, *faisant face au public et son mouchoir sous le nez.*

Je continue à saigner !

THÉRÈSE, *lui faisant signe.*

Chut donc !

POPINOT, *qui a fait le tour.*

On dirait que cette statue le fait exprès !... sous quelque point qu'on l'envisage, ce n'est jamais sa figure qu'on aperçoit !

ATHANASE.

C'est qu'elle tourne toujours !

POPINOT.

Alors ce n'est pas une statue, c'est une toupie !

ATHANASE.

Je vais la caler, elle ne bougera plus.

POPINOT.

Dépêche-toi, car voici venir les populations empressées !...
(*Athanase tire le rideau et passe derrière.*)

SCÈNE XV.

LES MÊMES, HABITANTS ET VISITEURS.*

CHOEUR.

Air : *Chantez, joyeux ménestrel.*

Chantons un fameux guerrier !
Ici, devant son image,
Chaque habitant du village
Vient déposer un laurier.

POPINOT, *tirant un papier.*

Habitants de Vas-y-Voir et lieux circonvoisins !... La France est une source intarissable de héros !... Vergeot en fut un des plus nobles rejetons !... On peut dire que c'était des lauriers qui coulaient dans ses veines !

TOUS.

Bravo ! bravo !

* Athanase, Popinot, Thérèse.

SCENE XVI.

POPINOT.

Il faudrait une autre voix que la mienne pour chanter.

ATHANASE.

Ça, c'est vrai !

POPINOT.

Silence là bas ! (*Continuant,*) pour chanter !...

SCÈNE XVI.

Les Mêmes, CRAMPON. *

CRAMPON, *accourant.*

M. Popinot ! M. Popinot !

POPINOT.

Mais, taisez-vous donc... pour chanter...

CRAMPON.

Une dépêche de la Sous-Préfecture, très-pressée !

POPINOT, *décachetant la dépêche.*

Très-pressée ! mes amis, ne vous éloignez pas ; mon discours n'est pas fini... J'en ai encore pour trois quarts d'heure !

ATHANASE, *à part.*

Si je pouvais m'en aller.

POPINOT, *qui a parcouru la dépêche.*

O ciel !

TOUS, *en l'entourant.*

Quoi donc ?

POPINOT.

Quel opprobre ! quelle ignominie !

THÉRÈSE.

Mais, papa, vous m'effrayez !

POPINOT.

Mes amis, prenons le deuil et couvrons-nous de cendres !

ATHANASE.

Qu'est-ce donc qui est mort ?

POPINOT.

Personne ! au contraire ! Vivant ! il est vivant !

ATHANASE.

Qui ça ?

POPINOT.

Vergeot !... l'ignoble, l'infâme Vergeot !

---

* Athanase, Popinot, Crampon, Thérèse.

TOUS.

Vergeot !

ATHANASE, *à part.*

Fichtre !

POPINOT.

Ecoutez tous !... (*Lisant.*) « Le nommé Paul Vergeot, de la commune de Vas-y-Voir, accusé d'une tentative d'empoisonnement... rode, à ce qu'on croit, dans vos environs ! »

CRAMPON.

Dans les environs ; je le dénicherai ! (*Il sort.*)

POPINOT.

Il n'était pas mort, et je lui ai fait décerner une statue. Ah ! mon cœur est gonflé de vengeance !

TOUS.

Oui, vengeance !

POPINOT.

Qu'on me donne un bâton, un merlin, un instrument contondant !

THÉRÈSE.

Pourquoi donc faire ?

POPINOT.

Pour briser son emblème !... Je veux le réduire en poudre !

ATHANASE.

Ah ! mais un instant !... briser mon chef-d'œuvre !... Payez moi d'abord mes cent écus !

POPINOT.

Va-t-en au diable !... Je vais lui casser le nez à ton chef d'œuvre !

TOUS.

Oui ! vengeance ! vengeance ! (*Popinot tire le rideau, la statue a disparu.*)

TOUS.

Ah !

CHOEUR.

Air : *Je reconnais ce militaire.*

Quelle aventure inconcevable,
Quel événement fabuleux !
C'est un tour joué par le diable,
L'escamotage est merveilleux !

POPINOT.

Mes facultés s'évanouissent !... Athanase, où est-elle ?... Tu me l'as garantie pour deux ans, où est elle ?

SCÈNE XVII.

ATHANASE.

Oui ! où est-elle ?... Il faut qu'il y ait des filous dans la société, je demande qu'on fouille tout le monde.

SCÈNE XVII.

LES MÊMES, CRAMPON, VERGEOT. *

CRAMPON, *tenant Vergeot au collet.*

Avance, brigand ! ou je te passe mon sabre dans les côtes !

POPINOT.

Que vois-je !... la statue qui marche !

ATHANASE.

Elle marche ! c'est une Galatée mâle !

CRAMPON.

Mais non ! c'est Vergeot...

TOUS.

Vergeot !...

CRAMPON.

Lui-même !... Il détalait, je l'ai repincé

VERGEOT.

Eh bien ! oui là !... c'est moi ! prenez ma tête !

POPINOT.

Tiens, malheureux ! écoute, et meurs de honte... pour ton honneur !

VERGEOT.

Prenez ma tête !

POPINOT, *lisant.*

« Le nommé Paul Vergeot, de la commune de Vas-y-Voir, « accusé d'une tentative d'empoisonnement !... » Achève !... et pousse des gémissements !... (*Il passe la lettre à Vergeot.*)

VERGEOT, *qui a parcouru.*

Ah ! saprelote !... nom d'un tourne-broche !

POPINOT.

Je comprends tes sanglots !

VERGEOT.

Mais non !... vous n'avez pas tout lu !... (*Lisant.*) « Si vous le découvrez, faites-lui savoir !... » (*S'interrompant.*) C'est bête des gens qui ne lisent pas tout !... (*Lisant.*) « Faites-lui savoir qu'il n'a plus rien à craindre ! »

* Athanase, Popinot, Vergeot, Crampon, Thérèse.

TOUS.

Ah !

VERGEOT, *lisant*.

« L'analyse la plus complète a établi que l'oseille qu'il avait employée n'était qu'un innocent purgatif!

CRAMPON, *à part*.

Je me défierai de sa cuisine !

VERGEOT.

O bonheur ! je purge ma contumace !

POPINOT.

Mais pourtant le Vergeot du journal !

VERGEOT.

C'est un autre Vergeot !

POPINOT.

Est-il de Vas-y-Voir ?

VERGEOT.

Non !... de Sambre-et-Meuse !

POPINOT.

Ah ! je n'ai pas de chance !

THÉRÈSE.

Enfin, vous êtes libre !

VERGEOT.

Oui, Thérèse, je vous épouse et je m'établis restaurateur, à l'Oseille-Amoureuse !

CRAMPON, *à part*.

Je surveillerai son oseille !

POPINOT.

Tu épouses ?.. et avec quoi ?

VERGEOT.

Avec l'héritage de ma tante Briolet.

POPINOT.

Tu hérites ? soit mon fils !

ATHANASE.

Eh bien ! et moi !

POPINOT.

Toi ! rendez-moi le bâton ! Toi ! tu n'es qu'un escroc ! car enfin me voilà avec un piédestal et rien dessus.

ATHANASE.

Père Popinot, vous n'êtes point ingénieux. Avec un robinet on fera une délicieuse fontaine.

SCÈNE XVII.

POPINOT.

Mais ça n'est pas grandiose !

ATHANASE.

L'utile vaut mieux que l'agréable ! songez donc ; à côté de votre cave.

POPINOT.

Tiens ! mais c'est une idée ! je n'avais pas pensé à mon vin !

CHOEUR.

AIR : *Après beaucoup de bruit, etc.* (Final du Trou des Lapins.)

Allons, allons, de la phisolophie,
Faisons des vœux pour que notre pays
Produise un jour un homme de génie,
Et nous aurons le monnment promis !

POPINOT, *au public.*

Air du Vaudeville de *Jadis.*

L'auteur, dont l'âme est ingénue,
Voulait d'abord vous demander
De lui couler une statue,
Mais vous pourriez n' pas l'accorder.
Il y renonce avec tristesse,
Songez qu'on doit l'en consoler,
Et qu'il faut applaudir sa pièce,
Si vous ne voulez pas le couler !

REPRISE DU CHOEUR.

FIN.

Clermont (Oise). — Imp. A. DAIX, rue de Condé, 58.

www.ingramcontent.com/pod-product-compliance
Lightning Source LLC
Chambersburg PA
CBHW060707050426
42451CB00010B/1309